W0209653

SUGGESTIONS ET CONSIGNES

Les exercices sont proposés sous huit rubriques :

❶ Continue la frise sans t'arrêter. Il s'agit de commencer à familiariser l'enfant avec un geste nouveau. Selon les cas, la frise prépare ou non à l'enchaînement de la lettre avec celle qui suit ou qui précède.

❷ Observe la lettre. Guidé par l'enseignant, l'enfant observe la lettre, il en perçoit le sens de déroulement et les spécificités.

❸ Repasse au crayon les lettres tracées en bleu, sans t'arrêter et en veillant à bien suivre le tracé. Il s'agit d'acquérir le bon geste. Un fléchage accompagne la 1re lettre. L'enfant repasse plusieurs fois au crayon sur cette lettre. Il s'exerce ensuite au brouillon pour s'assurer d'avoir bien compris. Il peut aussi s'exercer au tableau. Il consolide cette nouvelle connaissance en repassant plusieurs fois la 2e lettre.

❹ Recopie la lettre. L'enfant met en application les acquis de l'exercice 3 en traçant la lettre isolément.

❺ Reproduis les enchaînements avec des lettres déjà étudiées. La nouvelle lettre est intégrée aux acquis antérieurs. Les arrêts dans les mots se font uniquement devant les lettres rondes.

❻ Recopie les mots utiles. Les compétences techniques étant acquises, elles sont mises en application dans des mots courants. Le vocabulaire disponible nous a incité à choisir les termes de « mots utiles » au lieu des traditionnels « mots outils », certains mots proposés n'étant pas des mots « outils ».

❼ Recopie. Avec cette rubrique, l'enfant accède très rapidement à l'écriture de phrases. L'enseignant peut choisir de faire copier une seule fois, deux fois ou trois fois la phrase. Il peut ajouter une phrase de son choix, ou simplement un mot. Il peut aussi proposer à l'enfant de choisir un mot à écrire en plus de la phrase proposée : le mot sera issu de la lecture ou écrit au tableau par l'enseignant afin d'éviter des erreurs.

❽ Continue la frise en respectant bien le modèle. Ce dernier exercice clôt la séance de travail. L'enfant y consolide sa perception et son respect des lignages. Ce travail gagne à être fait en couleur.

RYTHME DE TRAVAIL

Nous suggérons un rythme d'une page par jour, y compris pour les premières, en respectant la logique de progression qui structure chaque page et l'ensemble du cahier. Toutefois, une même page peut donner lieu à deux leçons à la condition que le geste soit réinvesti (exercices 2 et 3) au début de la 2e leçon après avoir été appris en début de la 1re leçon (mêmes exercices).

Selon la classe ou selon l'enfant, les exercices 4 et 6 peuvent être faits sur la ligne entière ou sur une demi-ligne. La fin de la ligne étant réservée à une 2e séance ou laissée vierge.

QUELQUES POINTS DE DÉTAIL

- Lorsque **la lettre *s*** (page 14) termine le mot, elle finit à gauche. Il en va autrement lorsqu'elle est en début ou à l'intérieur d'un mot. Elle est alors liée à la lettre suivante. Pour cela, le tracé repasse en trait couvrant sur la base de la lettre et s'enchaîne sur la lettre qui suit.

- **La lettre *q*** (page 19) est la seule lettre non liée à la suivante. C'est la raison pour laquelle la frise propose des tracés séparés.

- **Les chiffres** (page 32) ne sont pas liés entre eux, ce qui relativise l'importance du sens de leur tracé. On privilégiera toutefois un sens de déroulement de gauche à droite et de haut en bas. Le 8 est commencé indifféremment dans le sens des aiguilles d'une montre ou en sens inverse. Pour notre part nous proposons qu'il le soit en sens inverse comme les lettres rondes (la partie basse étant alors dans le sens des aiguilles d'une montre). Nous suggérons 1/2 ligne par séance de travail, ce qui représente la possibilité de travailler 4 fois sur un même chiffre.

*D. Dumont : « Le geste d'écriture — Méthode d'apprentissage cycle 1, cycle 2 » Hatier pédagogie pages 36 à 47.

Le positionnement du stylo et de la main.

Reproduis les modèles de haut en bas en posant la main, poignet compris, sur la feuille.
Le stylo et la main sont placés dans le prolongement de l'avant-bras. Le stylo repose sous l'articulation qui relie l'index à la main, il est pincé entre le pouce et le côté du majeur, il est guidé par l'index.

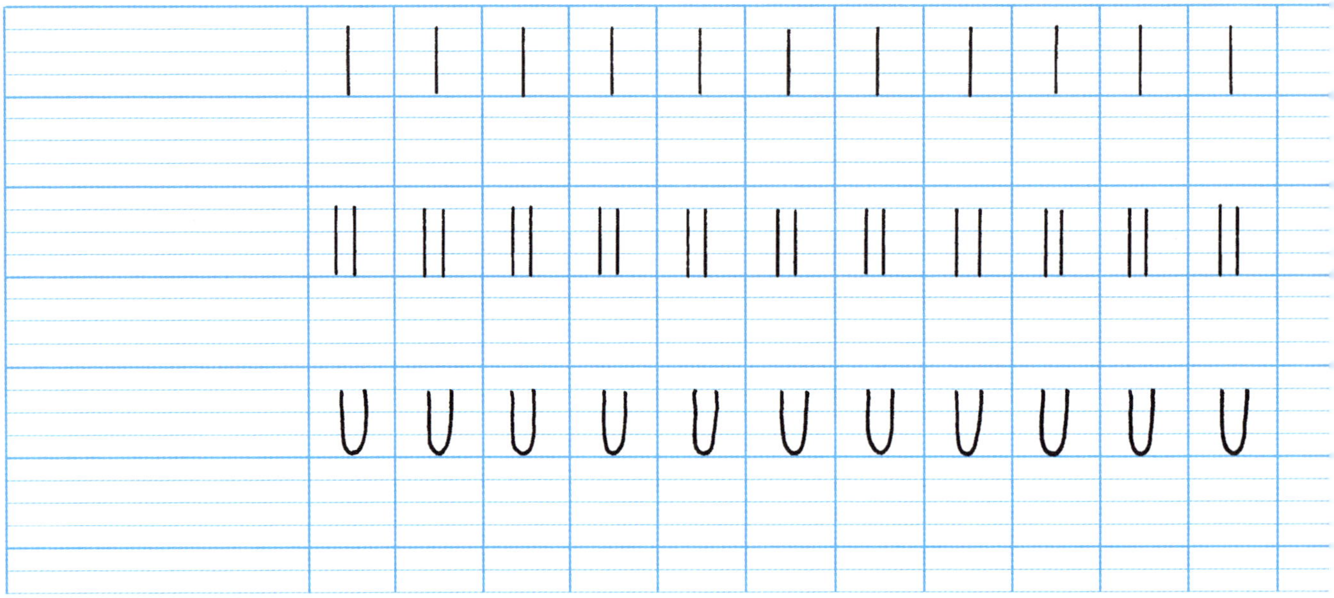

Dessine un arbre dans un champ de fleurs en tenant correctement ton crayon.

La tenue de ligne.

Reproduis les modèles en suivant la ligne.

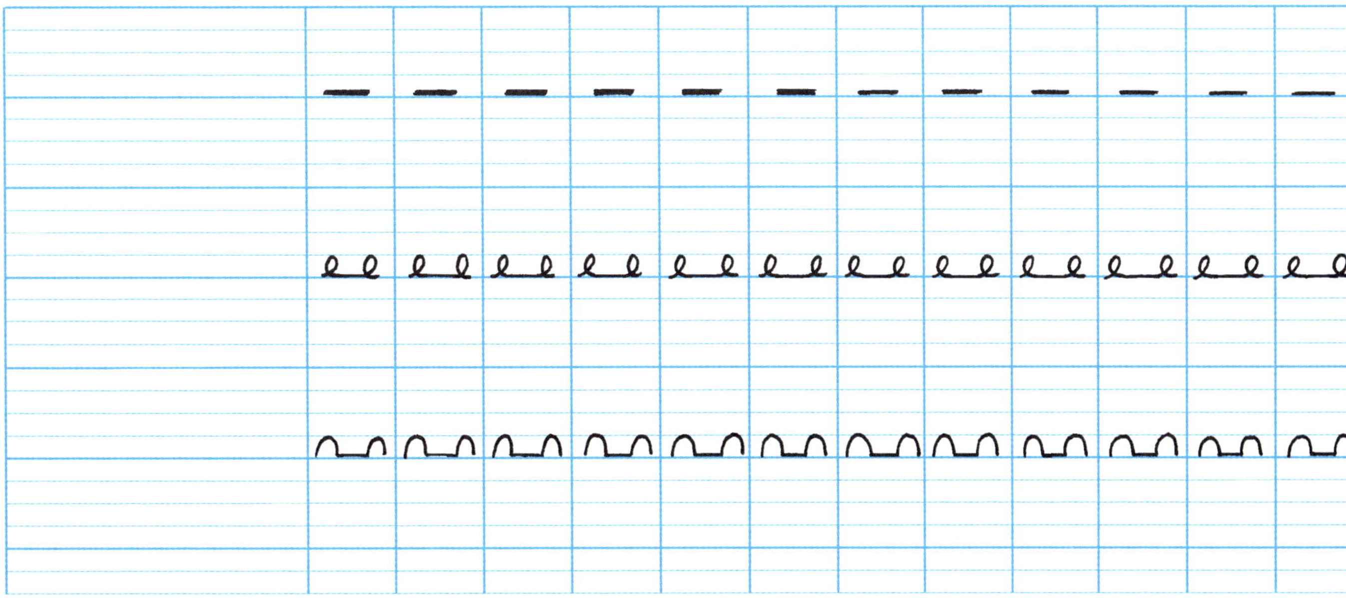

Dessine un train de quatre à six wagons. Veille à ce que les roues reposent sur la ligne dessinée dans le cadre.

Les lignages du cahier.

Colorie un carreau sur deux en utilisant une couleur par interligne.

Reproduis les modèles en respectant les dimensions.

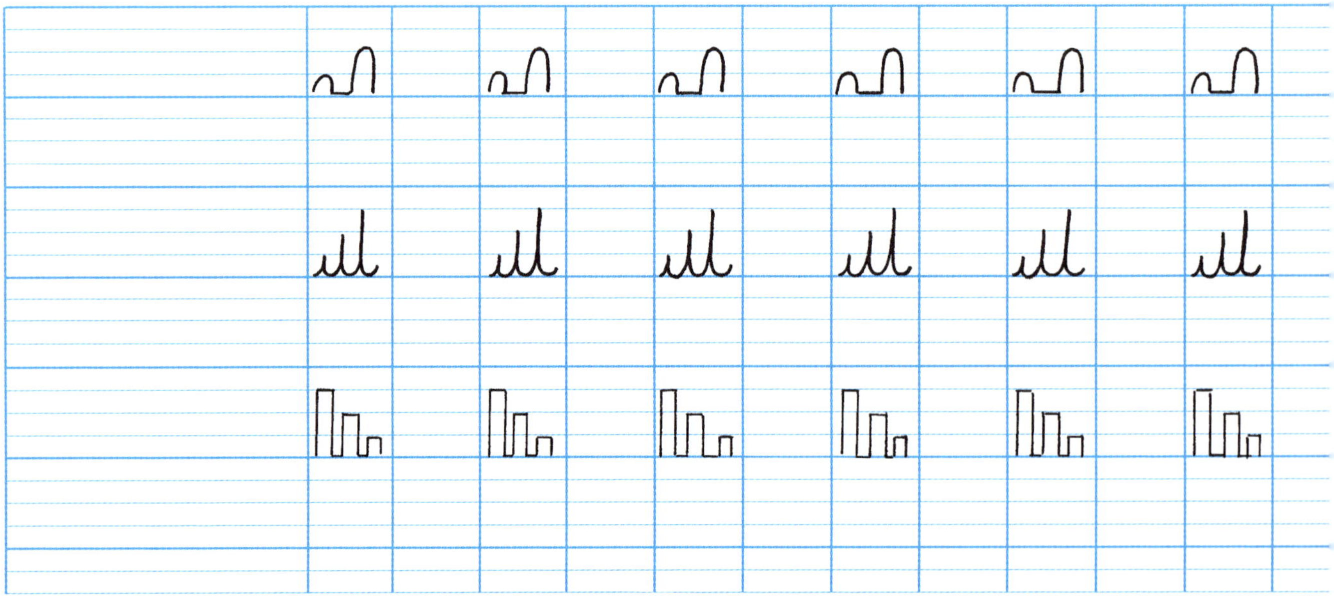

Le 1er geste : la boucle. Elle tourne et elle avance.

lll

e e e

1 Continue la frise sans t'arrêter. 2 Observe la lettre.
3 Repasse au crayon plusieurs fois les lettres tracées en bleu, sans t'arrêter et en veillant à bien suivre le tracé.

4 Continue les lignes.

e e e e

ee ee

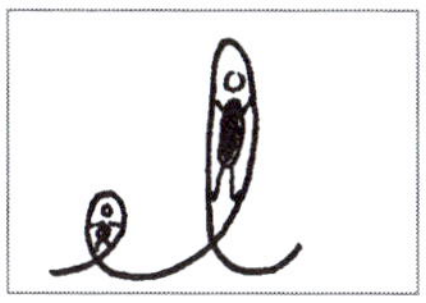

Le même geste, plus étiré en hauteur et qui fait une boucle au dos plus plat (inutile qu'il soit rigide).

elel

l l l

1 Continue la frise sans t'arrêter. 2 Observe la lettre.
3 Repasse au crayon plusieurs fois les lettres tracées en bleu, sans t'arrêter et en veillant à bien suivre le tracé.

4 Recopie la lettre.

l

5 Reproduis les enchaînements avec la lettre déjà étudiée sans t'arrêter entre les lettres.

le

el

6 Recopie les mots utiles.

le

elle

7 Continue la frise en respectant bien le modèle.

Le 2e geste : la coupe. Elle avance et ne tourne pas.

u u u

1 Continue la frise sans t'arrêter. 2 Observe la lettre.
3 Repasse au crayon plusieurs fois les lettres tracées en bleu, sans t'arrêter et en veillant à bien suivre le tracé.

4 Recopie la lettre.

u

Le même geste mais arrêté au milieu + un point au-dessus après-coup.

i i i

1 Continue la frise sans t'arrêter. 2 Observe la lettre.
3 Repasse au crayon plusieurs fois les lettres tracées en bleu, sans t'arrêter et en veillant à bien suivre le tracé.

4 Recopie la lettre.

i

5 Reproduis les enchaînements avec des lettres déjà étudiées sans t'arrêter entre les lettres.

ue
lu
ie

6 Recopie les mots utiles.

il
lui

7 Continue la frise en respectant bien le modèle.

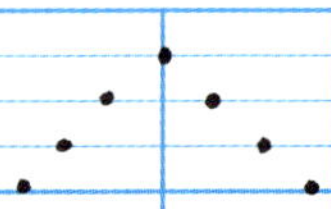

Le geste de la coupe monté plus haut et arrêté après avoir tourné sur la ligne + une barre après-coup.

ulul

t t t

1 Continue la frise sans t'arrêter. 2 Observe la lettre.

3 Repasse au crayon plusieurs fois les lettres tracées en bleu, sans t'arrêter et en veillant à bien suivre le tracé.

4 Recopie la lettre.

t

5 Reproduis les enchaînements avec des lettres déjà étudiées sans t'arrêter entre les lettres.

ti

it

6 Recopie les mots utiles.

et

tu

te

7 Recopie.

l'étui

l'été

le lit

8 Continue la frise en respectant bien le modèle.

Le 3e geste : le rond. La lettre c en montre le point d'attaque, c'est la moitié d'un rond qui s'enchaîne sur la lettre suivante.

❶ Continue la frise en commençant chaque **c** sur le trait. ❷ Observe la lettre.
❸ Repasse au crayon plusieurs fois les lettres tracées en bleu, sans t'arrêter et en veillant à bien suivre le tracé.

❹ Recopie la lettre.

c

❺ Reproduis les enchaînements avec des lettres déjà étudiées.

cu

cl

ic

❻ Recopie les mots utiles.

ici

ceci

cette

❼ Recopie.

l'écuelle

celui-ci

le cil

❽ Continue la frise en respectant bien le modèle.

On ferme le rond et on fait un petit trait de liaison à la lettre suivante.

o

1 Continue la frise en commençant chaque rond sur le trait. 2 Observe la lettre.
3 Repasse au crayon plusieurs fois les lettres tracées en bleu, sans t'arrêter et en veillant à bien suivre le tracé.

4 Recopie la lettre.

o

5 Reproduis les enchaînements avec des lettres déjà étudiées.

ot
ol
lo

6 Recopie les mots utiles.

tôt

7 Recopie.

le col
le loto
l'école

8 Continue la frise en respectant bien le modèle.

Après fermeture du rond, on fait glisser le stylo vers le bas pour faire une demi-coupe.

a a

a à a

❶ Continue la frise en commençant chaque rond sur le trait. ❷ Observe la lettre.
❸ Repasse au crayon plusieurs fois les lettres tracées en bleu, sans t'arrêter et en veillant à bien suivre le tracé.

❹ Recopie la lettre.

a

❺ Reproduis les enchaînements avec des lettres déjà étudiées.

ae
al
ia

❻ Recopie les mots utiles.

la
ta

❼ Recopie.

le cacao
la colle
le calcul

❽ Continue la frise en respectant bien le modèle.

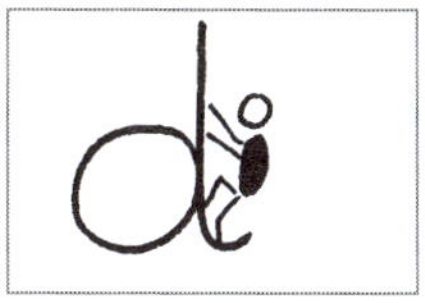

On monte plus haut que pour *a* puis on redescend de même.

dlledlle

d d d

1 Continue la frise en attaquant chaque rond au bon endroit. 2 Observe la lettre.
3 Repasse au crayon plusieurs fois les lettres tracées en bleu, sans t'arrêter et en veillant à bien suivre le tracé.

4 Recopie la lettre.

d

5 Reproduis les enchaînements avec des lettres déjà étudiées.

di

da

ed

6 Recopie les mots utiles.

de

du

7 Recopie.

la date

la dictée

le code

8 Continue la frise en respectant bien le modèle.

On monte comme sur le modèle, on redescend en tournant pour fermer. Si une autre lettre suit, on glisse vers la droite sous le s pour enchaîner le tracé.

sese

s

1 Continue la frise sans t'arrêter. 2 Observe la lettre.

3 Repasse au crayon plusieurs fois les lettres tracées en bleu, sans t'arrêter et en veillant à bien suivre le tracé.

4 Recopie la lettre.

s

5 Reproduis les enchaînements avec des lettres déjà étudiées.

es

se

sa

6 Recopie les mots utiles.

les

des

est

7 Recopie.

Il a cassé les tasses.

I

8 Continue la frise en respectant bien le modèle.

Un pont, deux ponts, trois ponts et on tourne.

meme

m m m

❶ Continue la frise sans t'arrêter. ❷ Observe la lettre.

❸ Repasse au crayon plusieurs fois les lettres tracées en bleu, sans t'arrêter et en veillant à bien suivre le tracé.

❹ Recopie la lettre.

m

❺ Reproduis les enchaînements avec des lettres déjà étudiées.

me

mo

em

❻ Recopie les mots utiles.

ma

mes

❼ Recopie.

Elle aime la salade de tomates.

E

❽ Continue la frise en respectant bien le modèle.

Un pont de moins que m.

nene

n n n

1 Continue la frise sans t'arrêter. 2 Observe la lettre.
3 Repasse au crayon plusieurs fois les lettres tracées en bleu, sans t'arrêter et en veillant à bien suivre le tracé.

4 Recopie la lettre.

n

5 Reproduis les enchaînements avec des lettres déjà étudiées.

nu

no

in

6 Recopie les mots utiles.

on

ont

un

7 Recopie.

Mamie m'amène au cinéma.

M

8 Continue la frise en respectant bien le modèle.

On monte comme pour faire une boucle, on descend tout droit bien bas et on remonte pour faire un pont.

ppp

p p p

1 Continue la frise sans t'arrêter. 2 Observe la lettre.

3 Repasse au crayon plusieurs fois les lettres tracées en bleu, sans t'arrêter et en veillant à bien suivre le tracé.

4 Recopie la lettre.

p

5 Reproduis les enchaînements avec des lettres déjà étudiées.

pe

po

ip

6 Recopie les mots utiles.

pas

plus

7 Recopie.

Pépé a un petit âne pie.

P

8 Continue la frise en respectant bien le modèle.

∩ ∪ ∩ ∪

Un mélange de plusieurs gestes tracés sans s'arrêter.

r r r

1 Continue la frise sans t'arrêter. 2 Observe la lettre.
3 Repasse au crayon plusieurs fois les lettres tracées en bleu, sans t'arrêter et en veillant à bien suivre le tracé.

4 Recopie la lettre.

r

5 Reproduis les enchaînements avec des lettres déjà étudiées.

re

er

or

6 Recopie les mots utiles.

par

trop

très

7 Recopie.

Le père noël m'apporta des rollers.

L

8 Continue la frise en respectant bien le modèle.

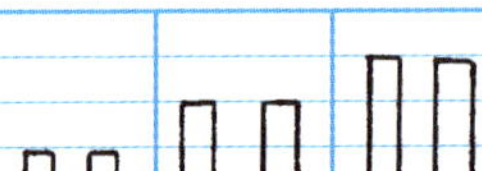

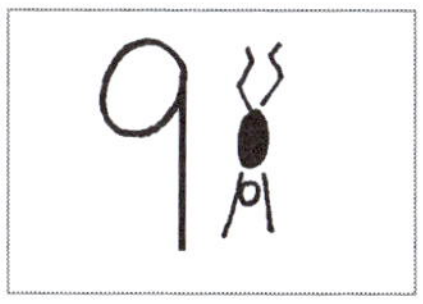

Un tracé comme celui du a mais au lieu de tourner sur la ligne, on descend dessous, tout droit.

qoqo

q q q

1 Continue la frise en commençant les ronds au bon endroit. 2 Observe la lettre.
3 Repasse au crayon plusieurs fois les lettres tracées en bleu, sans t'arrêter et en veillant à bien suivre le tracé.

4 Recopie la lettre.

q

5 Reproduis les enchaînements avec des lettres déjà étudiées.

qu
eq
iq

6 Recopie les mots utiles.

que
qui
quand

7 Recopie.

On quitte sa casquette en classe.
O

8 Continue la frise en respectant bien le modèle.

°0() °0()

g 

Le même tracé que q mais il remonte ensuite sur la gauche par une boucle.

gee o gee

g g g

❶ Continue la frise en commençant les ronds au bon endroit. ❷ Observe la lettre.
❸ Repasse au crayon plusieurs fois les lettres tracées en bleu, sans t'arrêter et en veillant à bien suivre le tracé.

❹ Recopie la lettre.

g

❺ Reproduis les enchaînements avec des lettres déjà étudiées.

gu

ga

eg

❻ Recopie les mots utiles (révisions).

tôt

trop

très

❼ Recopie.

Grand-père a un grand dogue.

G

❽ Continue la frise en respectant bien le modèle.

... ...

Un petit pont, une coupe, une petite courbe vers la droite pour finir.

v v v

❶ Continue la frise sans t'arrêter. ❷ Observe la lettre.

❸ Repasse au crayon plusieurs fois les lettres tracées en bleu, sans t'arrêter et en veillant à bien suivre le tracé.

❹ Recopie la lettre.

v

❺ Reproduis les enchaînements avec des lettres déjà étudiées.

ve

vi

ov

❻ Recopie les mots utiles.

vers

devant

avec

❼ Recopie.

Il rêve qu'un lutin va venir.

I

❽ Continue la frise en respectant bien le modèle.

Un double v, comme son nom l'indique.

w w w w

1 Continue la frise sans t'arrêter. 2 Observe la lettre.
3 Repasse au crayon plusieurs fois les lettres tracées en bleu, sans t'arrêter et en veillant à bien suivre le tracé.

4 Recopie la lettre.

w

5 Reproduis les enchaînements avec des lettres déjà étudiées.

we

wi

ew

6 Recopie les mots utiles (révisions).

plus

pas

peu

7 Recopie.

Le wagon est plein de voitures.

L

8 Continue la frise en respectant bien le modèle.

il il

b

Une grande boucle comme l avec une finale comme v .

bvbv

b b b

❶ Continue la frise sans t'arrêter. ❷ Observe la lettre.

❸ Repasse au crayon plusieurs fois les lettres tracées en bleu, sans t'arrêter et en veillant à bien suivre le tracé.

❹ Recopie la lettre.

b

❺ Reproduis les enchaînements avec des lettres déjà étudiées.

bo

bi

be

❻ Recopie les mots utiles.

bien

bon

bientôt

❼ Recopie.

Bébé boit son biberon.

B

❽ Continue la frise en respectant bien le modèle.

Une grande boucle comme l mais elle rebondit sur la ligne sans tourner et finit par un pont.

hnhn

h h h

❶ Continue la frise sans t'arrêter. ❷ Observe la lettre.
❸ Repasse au crayon plusieurs fois les lettres tracées en bleu, sans t'arrêter et en veillant à bien suivre le tracé.

❹ Recopie la lettre.

h

❺ Reproduis les enchaînements avec des lettres déjà étudiées.

he
ho
ch

❻ Recopie les mots utiles.

hier
chaque
chacun

❼ Recopie.

Le chat se cache dans la niche.
L

❽ Continue la frise en respectant bien le modèle.

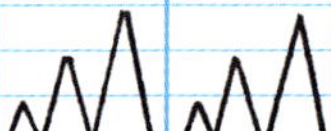

k

Comme h mais avec une boucle à l'envers au milieu du pont.

hkehke

k k k

❶ Continue la frise sans t'arrêter. ❷ Observe la lettre.
❸ Repasse au crayon plusieurs fois les lettres tracées en bleu, sans t'arrêter et en veillant à bien suivre le tracé.

❹ Recopie la lettre.

k

❺ Reproduis les enchaînements avec des lettres déjà étudiées.

ke

ko

ek

❻ Recopie les mots utiles (révisions).

vers

devant

avec

❼ Recopie.

Elle achète un kilo de kiwis.

E

❽ Continue la frise en respectant bien le modèle.

▿▽ ▿▽

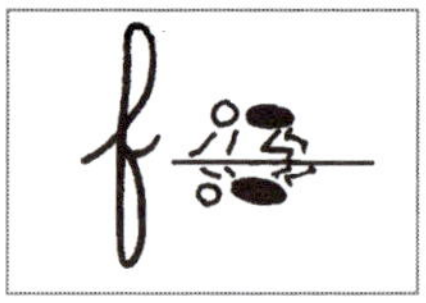

Une grande boucle en haut puis une grande boucle en bas qui remonte par devant et vient se fermer sur la ligne.

flefl

f f f

1 Continue la frise sans t'arrêter. 2 Observe la lettre.

3 Repasse au crayon plusieurs fois les lettres tracées en bleu, sans t'arrêter et en veillant à bien suivre le tracé.

4 Recopie la lettre.

f

5 Reproduis les enchaînements avec des lettres déjà étudiées.

fe

if

fa

6 Recopie les mots utiles.

enfin

en effet

parfois

7 Recopie.

La fête est finie.

L

8 Continue la frise en respectant bien le modèle.

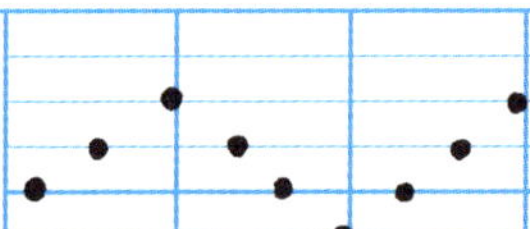

Le début comme p puis une boucle qui remonte sur la gauche.

jeejee

j j j

❶ Continue la frise sans t'arrêter. ❷ Observe la lettre.
❸ Repasse au crayon plusieurs fois les lettres tracées en bleu, sans t'arrêter et en veillant à bien suivre le tracé.

❹ Recopie la lettre.

j

❺ Reproduis les enchaînements avec des lettres déjà étudiées.

je
jo
ej

❻ Recopie les mots utiles.

déjà
aujourd'hui

❼ Recopie.

Je joue avec un joli jouet.

❽ Continue la frise en respectant bien le modèle.

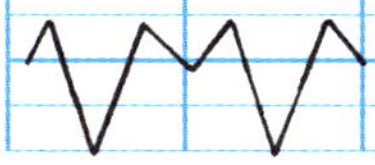

La seule lettre à être tracée en deux morceaux.

exex

x x x

1 Continue la frise. 2 Observe la lettre.
3 Repasse au crayon plusieurs fois les lettres tracées en bleu en veillant à bien suivre le tracé.

4 Recopie la lettre.

x

5 Reproduis les enchaînements avec des lettres déjà étudiées.

xi

xo

ex

6 Recopie les mots utiles (révisions).

par

quand

parfois

7 Recopie.

Cet exercice est facile.

C

8 Continue la frise en respectant bien le modèle.

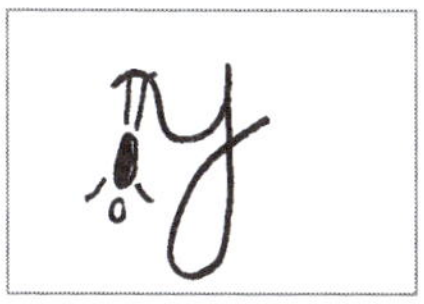

Il commence comme *v* et finit comme *j*.

yv

y *y* *y*

❶ Continue la frise sans t'arrêter. ❷ Observe la lettre.
❸ Repasse au crayon plusieurs fois les lettres tracées en bleu, sans t'arrêter et en veillant à bien suivre le tracé.

❹ Recopie la lettre.

y

❺ Reproduis les enchaînements avec des lettres déjà étudiées.

ye
ya
ey

❻ Recopie les expressions.

il y a
vas-y
voyons !

❼ Recopie.

Mon chat a de beaux yeux.
M

❽ Continue la frise en respectant bien le modèle.

z

Il commence presque comme r et finit presque comme j, mais il a des formes bien particulières.

zzzz

z z z

1 Continue la frise sans t'arrêter. 2 Observe la lettre.

3 Repasse au crayon plusieurs fois les lettres tracées en bleu, sans t'arrêter et en veillant à bien suivre le tracé.

4 Recopie la lettre.

z

5 Reproduis les enchaînements avec des lettres déjà étudiées.

ze

zo

ez

6 Recopie les mots utiles.

chez

allez

7 Recopie.

Regardez le nez du clown !

R

8 Continue la frise en respectant bien le modèle.

Toutes les lettres par type de gestes.

Continue les lignes sans chercher à faire tenir toutes les lettres d'une même ligne dans un même carreau.

Les boucles en haut	e l b h k f
Les coupes	i u t
Les ronds	c o a d q g
Les ponts	m n h p
Les mélanges de coupes et de ponts	v w
Les boucles en bas qui tournent vers la gauche	j g y
Les autres lettres	r s x z

Les chiffres.

Pour chaque chiffre :

1. Observe le tracé du modèle.
2. Repasse plusieurs fois les chiffres tracés en bleu dans la marge.
3. Continue la ligne.

1	1	1
2	2	2
3	3	3
4	4	4
5	5	5
6	6	6
7	7	7
8	8	8
9	9	9
0	0	0